ANALIZA KSIĄŻKI

AF131410

Eugenie Grandet

• • • • • • • • • • • • • • •

Honoré de Balzac

ANALIZA KSIĄŻKI

Napisany przez Emmanuelle Laurent
Przetłumaczony przez Kâmil Kowalski

Eugenie Grandet

HONORÉ DE BALZAC

HONORÉ DE BALZAC

PISARZ FRANCUSKI

- **Urodził się w Tours w 1799 r.**

- **Zmarł w Paryżu w 1850 r.**

- **Godne uwagi prace:**

    - *Les Chouans* [Chuanowie] (1829), powieść

    - *Eugénie Grandet* (1833), powieść

    - *Ojciec Goriot* (1835), powieść

Honoré de Balzac (1799-1850) to jeden z najważniejszych pisarzy francuskich XIX wieku. W młodości znalazł się w świecie paryskiej arystokracji, którą stale odwiedzał. Jednak szybko został zrujnowany przez różne katastrofalne przedsięwzięcia biznesowe i przesadny styl życia. Literatura, którą uprawiał z pasją i pilnością, stała się jedynym sposobem na spłatę długów.

Był człowiekiem ambitnym i podjął się monumentalnego dzieła *Komedia ludzka,* zawierającego ponad 90 powieści, którego celem było nakreślenie wyczerpującego portretu społeczeństwa swoich czasów, tak obszernego, że mógłby konkurować z oficjalnymi rejestrami. Do jego najbardziej znanych powieści należą *Eugénie Grandet* (1833) i *Ojciec Goriot* (1835).

Balzac uważany jest za jednego z ojców założycieli nowoczesnej powieści realistycznej.

EUGENIE GRANDET

SCENA Z ŻYCIA PROWINCJI

Gatunek: powieść

Wydanie referencyjne: De Balzac, H. (2010) *Eugénie Grandet*. Trans. Prescott Wormeley, K. Coln St. Aldwyn: Biblioteka Echo.

Pierwsze wydanie: 1833

Tematy: życie na prowincji, pieniądze, miłość, skąpstwo, małżeństwo

W październiku 1833 roku Balzac podpisał kontrakt na publikację studium na temat XIX-wiecznej etykiety. Zbiór powinien zawierać sceny z życia prywatnego, sceny z życia paryskiego i sceny z życia prowincjonalnego. Komedia ludzka, zgodnie z klasyfikacją, która przedstawia organiczną całość. . Pisał, że sztuka detalu i półtonów uczyniła z tego portretu "skromną miniaturę".

PODSUMOWANIE

Powieść zaczyna się od przedstawienia głównej ulicy miasta Saumur, gdzie jest "dom Monsieur Grande" (rozdział 1), zamożnego mistrza Coopera i byłego burmistrza Saumur, który mieszka z żoną, córką Eugenie i służącą rodziny. Historia zaczyna się w połowie listopada 1819 roku, w dniu urodzin Eugenii, podczas kolacji, na którą przybywają dwie rodziny, chcące zdobyć rękę dziedziczki. Z jednej strony Saumur, młody prezes sądu cywilnego, i Courchot, w tym jego wuj, notariusz i ksiądz. Z drugiej strony des Grassins, do których należy ojciec, bankier, wraz z żoną i synem.

Tego samego wieczoru przyjeżdża z Paryża Charles Grandet, jedyny syn brata Grandet, "przystojny dwudziestodwuletni chłopiec" (rozdział 3). Stanowi zagrożenie dla obu stron, ponieważ jest potencjalnym konkurentem o rękę Eugenii. Charles daje wujowi list od ojca, którego treści nie znał. Z listu dowiedzieli się, że jego zbankrutowany ojciec właśnie popełnił samobójstwo Był winien prawie cztery miliony sous. Powierza syna młodszemu bratu, obojętny na nieszczęście młodzieńca: "Charles jest dla nas niczym, nie ma pieniędzy" (rozdz. 5).

Grandet planuje pozbyć się siostrzeńca, wysyłając go, by zbił fortunę w Indiach. Podczas kolacji próbuje przekonać młodego Courchota do wyjazdu do Paryża. Przybywają jednak des Grassins i składają propozycję: ojciec, bankier, zajmie się sprawą.

Eugenie znajduje list na nocnym stoliku swojego kuzyna zaadresowany do jego kochanki Annette, która potrzebuje pieniędzy i oferuje mu złotą monetę. Karol oddaje jej na przechowanie walizkę swojej matki. Miłość rozkwita między dwojgiem młodych ludzi. W dniu, w którym Charles wyjeżdża do Indii, obiecują zawsze być sobie wiernymi i dzielą pierwszy pocałunek.

Des Grassins, zajęty interesami Grandeta, przebywa w Paryżu, gdzie przybywa jego syn. Nie jest już zatem zalotnikiem dla Eugénie: rodzina Cruchot triumfuje. Eugénie ze swej strony czeka na kuzyna i cierpi w milczeniu.

Pod koniec 1819 roku Grandet dowiedział się, że Eugénie podarowała jego złoto swojemu kuzynowi. Następnego ranka Grandet prosi o pokazanie złota swojej córki: "Nie mam mojego złota" (rozdział X). Wtedy ojciec przeklina ją.

Grandet zamyka Eugenię w jej sypialni. Całe miasto jej unika. Grandet prosi notariusza Cruchota o zrobienie czegoś, by pogodzić ojca i córkę. Notariusz informuje Grandet, że córka może ubiegać się o część majątku po śmierci matki. Chciwość Grandet popada w paranoję. Kiedy widzi pieniądze w szafie Charlesa, chce je mieć. Uzbrojona w nóż Eugenia grozi popełnieniem samobójstwa, jeśli jej ojciec dotknie tego "świętego zaufania" (rozdział XI). Ta scena przyspiesza upadek Grandet. Wkrótce po jej śmierci Grandet nakazała Eugenii zwrócić spadek po matce.

Mija pięć lat. Pod koniec 1827 roku Grandet, w wieku 82 lat, zostaje sparaliżowany. Całe jego życie schroniło się w jego oczach i w kontemplacji jego złota. Potem przychodzą udręki śmierci: "Kiedy ksiądz przyłożył mu do ust krucyfiks ze srebra

pozłacanego, aby mógł ucałować Chrystusa, wykonał przera-
żający gest, jakby chciał go pochwycić" (rozdział XII). Eugénie
dziedziczy 19 milionów sous.

W czerwcu tego samego roku Charles, który dorobił się for-
tuny w Indiach pod nazwiskiem Charles Shepherd, wylądo-
wał w Bordeaux. "Eugénie nie miała miejsca w jego sercu ani
w jego duszy" (rozdział 13). Podczas przeprawy zostaje
kochankiem pani Daubryon, która pragnie nakłonić go do
poślubienia jego córki. Jego córka jest brzydka, a on nie ma
posagu, ale już uważa się za hrabiego d'Aublion. Degrassan
przychodzi do niego i daje mu kwotę potrzebną do spłacenia
długu ojca, ale Charles go wyrzuca.

W sierpniu Eugenia otrzymuje list od Karola informujący ją o
planach poślubienia córki rodziny Daubryonów. Madame de
Grassin każe Eugenie przeczytać list do męża, za który Karol
nie zapłacił, a mąż grozi ogłoszeniem bankructwa ojca.
Następnie Eugénie planuje poślubić Monsieur le President de
Bonfon tylko z nazwy, w zamian za "nieocenioną służbę"
(rozdział 14). Poprosiła go, aby udał się do Paryża i spłacił w
całości wierzycieli wuja, zanim przekaże list Karolowi. "Bądź
szczęśliwy zgodnie z konwencjami społecznymi, którym
dałeś naszą miłość" (rozdział 14).

De Bonfon żeni się z Eugenią. Wie, że chce jej śmierci, aby
mógł odziedziczyć jej fortunę. Zmarł osiem dni po tym, jak
został wybrany do reprezentowania Saumur. Madame de
Bonfon, 33 letnia, owdowiała, "nadal piękna", "żyjąca jak
biedna Eugenie Grandet". "To jest historia Eugenii Grandet,
która jest na świecie, ale nie na świecie" (rozdział 14).

STUDIUM POSTACI

EUGÉNIE GRANDET

Jako dziedziczka Eugénie jest ofiarą chciwości innych i dlatego znajduje się w centrum tej komedii obyczajowej. Jako młoda dziewczyna, która po raz pierwszy przeżywa miłość, jest bohaterką historii miłosnej, która jest również historią dojrzewania. Jej historia miłosna ma jednak nieszczęśliwy finał, a ona sama zostaje poświęcona dla interesów różnych osób: to podnosi ją do rangi bohaterki tragicznej. Balzac gra uderzającymi kontrastami między monotonią jej zwyczajów, ubóstwem jej ubrań, ograniczeniami jej środowiska i wielkością jej duszy. "Splendor szczególnej urody" (rozdział VI) wykracza poza pozory. Jej hojność, tłamszona przez chciwość Grandeta, ujawnia się i leży u podstaw dramatu, który nastawia przeciwko sobie ojca i córkę. Uosabiając wieczną lojalność w świecie, który uznaje jedynie interes chwili obecnej, Eugénie reprezentuje wartości, które nie należą do jej świata ani do jej wieku. Jej historia to także historia zamknięcia kobiety wyższej, która jest więźniem ciasnoty swojego środowiska. Ta niewyróżniająca się wielkość nadaje powieści głęboką melancholię, widoczną w urodzie Eugénie, a nawet w jej domu, który "bez słońca, bez ciepła, zawsze w cieniu, melancholijny, jest obrazem jej życia" (rozdział XIV).

GRANDET

Udając skąpca, Balzac ma nadzieję wzbudzić "głęboką ciekawość" czytelnika. Tak więc chciwość Grande jest główną siłą napędową spisku. Jego domysły są obliczane z wielką precyzją, a wpływ jego pasji szaleje z wiekiem. Komedia jest jego wzorem do naśladowania. Komiczna iteracja jego szaleństwa, graficzna reprezentacja jego twarzy, ruch (wybrzuszenie nosa), który zdradza emocje, gdy jego twarz jest nieruchoma.

Balzac nadaje jej również wymiar fantastyczny, ponieważ skąpiec, zawsze wyrachowany, nigdy się nie otwiera. Powieściopisarz daje kliniczny opis starca całkowicie sparaliżowanego przez swoją namiętność, która stała się monomaniakalna, żyjącego w stanie wegetatywnym i przywracanego do życia jedynie przez kontakt ze złotem, które ma patologiczną potrzebę widzieć i dotykać. Poprzez przedstawienie osoby zasadniczo materialistycznej Balzac maluje również portret epoki, która nie wierzy już w dobra duchowe: w ten sposób staje się "historykiem obyczajów" swoich czasów.

CHARLES GRANDET

Karol jest postacią, która wprowadza ruch i wprawia dramat w ruch. Jego przybycie, które burzy ustalony porządek, jest dramatycznym zwrotem akcji. Jego dobry wygląd i modny młodzieżowy styl wyróżniają się w tym szarym otoczeniu. Jest miejscowym paryżaninem. Grande postrzega go jako "dandysa" (rozdział III). Jest pierwszą i jedyną miłością Eugenii. Balzac opisuje sielankę i maluje ją wtedy, gdy tli się w nim jeszcze resztka niewinności. Ale Karol to już "stary człowiek pod maską młodości" (rozdział VIII): Historia miłosna staje się historią dojrzewania w długiej ekspozycji, która odnosi się do lat spędzonych przez bohaterów w Indiach i przyspieszonego starzenia się. "W odwiecznej walce samolubnych interesów jego serce oziębło, usychało i usychało" (rozdział VIII). Jest to kapryśny obraz, który uznaje tylko chwilowe korzyści. Zależy mu tylko na sukcesie i wyglądzie. Oto jak stał się częścią rodziny Balzac "Lions". Rastignac, Le Bampre, du Tillet, Maxime de Trail.

ANALIZA

EUGÉNIE GRANDET, SCENA Z ŻYCIA PROWINCJI

Miasto Saumur

Powieść zaczyna się od opisu głównej ulicy Saumur. Nazwa ma znaczenie i nadaje ogólny ton powieści. Podobnie jak Saumur, co po francusku oznacza "słoną wodę", Saumur przypomina skąpstwo Grande i konserwatyzm prowincjonalnych miast oraz płyn używany do konserwowania lub moczenia rzeczy. Zapis Grande dla Floyda Fonda zawiera francuskie słowa floyd ("zimny") i fond ("pod" lub "głęboko"), wskazujące na jego chłód i zatwardziałość serca. Panoramiczny opis, który prowadzi czytelnika ulicami, daje wyobrażenie o zwyczajach miasta, statusie Coopera, wreszcie o miejscu zajmowanym przez samego Monsieur Grande. Hierarchia pieniężna jest nakreślona, ponieważ Grande jest "najbardziej imponującą osobą w dystrykcie" (rozdział 1).

Na prowincji życie jest publiczne. Jesteś stale obserwowany przez innych, zajęty ocenianiem twoich działań i knuciem twojego przeznaczenia. Ciekawość osiąga punkt kulminacyjny w obliczu skąpego mężczyzny i jego córki ściganych przez dwóch zalotników. "Ta tajna bitwa między Courchotem i De Grassanem, za którą Eugénie Grandet zapłaciła cenę, bardzo podekscytowała różne kręgi społeczne Saumur" (rozdział 1). Wszystkie oczy skierowane są na Grandet.

Tajemnica bohaterów

Jednak postać skąpca pozostaje całkowicie zaciemniona. Nawet zagadkowe motywy działań Eugénie wymykają się z tego małego świata nieświadomego wielkości duszy. Tajemnicze postacie ojca i córki wyróżniają się na tle innych postaci, które można znaleźć tylko na obszarach wiejskich. W XIX wieku te typy postaci reprezentujące środowiska i zawody były tak popularne, że nazwano je fizjologią (fizjologia kobiety miejskiej, fizjologia aktora itp.). Jednak Eugenia i jej ojciec w pewien sposób należą do klasy średniej, ale jej uciekają innym sposobem. To nie tylko typy postaci: Jeden ma tajemnicę postaci fantastycznej, a drugi szlachetność tragicznej bohaterki.

SZARY OBRAZ

Wąskość

Aby zobrazować małość wiejskiego życia, autor staje się miniaturzystą, skupia się na szczegółach, używa półtonów. Aby namalować portret Curmudgeona, musi jeszcze bardziej podkreślić tę podłość. Dom Grandet jest zawsze w cieniu, jego ogród jest wąski i słabo porośnięty roślinnością, z małym murkiem ograniczającym horyzont. Wewnątrz ściany są nagie, przedmioty codziennego użytku, wszystko jest zimne i ciemne. Trzeba dać wygląd ubóstwa. Więc wszystko jest zredukowane do tego, czego absolutnie potrzebujesz. "[Grandet] był nieruchomy i bezgłośny, a nawet gdy się poruszał, wydawał się oszczędzać sobie wszystkiego" (rozdział 1).

Czas stoi w miejscu

Balzac napisał kiedyś, że wszyscy dotarli do Paryża, ale przeszli przez prowincje... Wydaje się, że życie tam się zatrzymało, a czas płynie tym samym gestem. Szyjąca matka i córka, Nanon i Grandet, które są bliskie manii. Podczas gdy Eugénie zostaje i czeka na Karola, on podróżuje po świecie. Ona jest symbolem wierności, ale on jest symbolem nietrwałości. Na końcu powieści Balzac maluje ostateczny portret bohaterki, od teraźniejszości do wieczności, opisując jej przerwany okres niewoli i sposób, w jaki radzi sobie bez poświęcania doczesnych interesów. , jest już "w drodze do nieba" (rozdział 14).

Szarość

Ogólny kolor powieści jest szary. Szare ściany, szare ubrania i słaby półmrok świecy ledwie oświetlają postacie, zamieniając lokalny krajobraz w teatr cieni. Szary to także zimny kolor, który symbolizuje serce Grande, które jest porównywane do granitu. Jako malarz i pisarz Balzac rysuje uderzające kontrasty.

Lekkość, blond włosy, uroda, młodość, ekstrawagancja ubioru, jaskrawe kolory pierwszego występu Charlesa wyróżniają się na tym szarym tle.

GRANDET: POSTAĆ FANTASTYCZNA

Grandet: człowiek wybitny

Jego inteligencja w obliczaniu zysków, podobnie jak lichwiarz Gobsek, czyni Grandet postacią wyższą. Wszystkie jego przewidywania uwieńczone są sukcesem. "Oczekuje potężna obecność" (rozdział VI). Z dala od Saumur był w stanie osiągnąć wielkie rzeczy, tak jak mógłby zostać zniszczony poza swoim naturalnym środowiskiem. Ten maleńki rozmiar, zmniejszony przez pasję, znajduje odzwierciedlenie w jego imieniu. Grandet zawiera francuskie słowo grand, oznaczające "wielki" lub "wielki", ale następuje po nim zdrobnienie.

Fantastyczny wymiar

Jego inteligencja w obliczaniu zysków, jak lichwiarz Gobsek, czyni Grandet znakomitą postacią. Wszystkie jego przewidywania uwieńczone są sukcesem. "Oczekiwana potężna obecność" (rozdział VI). Z dala od Saumur mógł zostać zniszczony poza swoim naturalnym środowiskiem, więc mógł osiągnąć wielkie rzeczy. Grandet zawiera francuskie słowo grand, oznaczające "duży" lub "duży", ale po nim następuje małe słowo.

Wilk, sęp i pies

Pochłonięty jedyną pasją Grandet nie wierzy ani w Boga, ani w diabła ("Diabeł zabrał twojego dobrego Boga!", Rozdział 6). Jest nienaturalnym mężem, ojcem i obywatelem. Przeklina własną córkę za swoją hojność, powoduje śmierć żony i zdradza współobywateli. Balzac przyjmuje tutaj model socjozoologiczny, używając tradycyjnych obrazów łapiących sępy, gryzących psów i pożerających wilków. W obliczu tego wilka matka i córka złożone w ofierze na ołtarzu ojcowskich korzyści są wizerunkami baranków: "Baranek bez skazy poszedł do nieba, litując się tylko nad słodkimi towarzyszami swego zimnego i ciemnego życia. Wstydził się zostawić swoją owieczkę pośród samolubnego świata, który chciał ją obedrzeć ze skóry i ukraść jej skarb.

OJCIEC I CÓRKA

Pieniądze są wszystkim dla Grandeta i niczym dla Eugénie

Ojciec wierzy tylko w materialną egzystencję ("Mizery nie wierzą w przyszłe życie; teraźniejszość jest ich wszystkim we wszystkich", rozdział VI), podczas gdy jego córka jest z nieba. Jest w niej całkowity brak kalkulacji, a swoje złoto oddaje Karolowi w przypływie hojności. Wychowana przez matkę, jest zupełnie nieświadoma wartości rzeczy i majątku ojca: "W takim razie papa musi być bogaty?" (rozdział V); "Co to jest 'milion', ojcze?" (rozdział V).

Wszystko w Grandecie jest wąskie i małe, wszystko w Eugeniuszu jest szerokie i duże.

Szlachetność Eugenii, hojność jej poglądów i poczucie nieskończoności są podyktowane wiarą i nauczone miłością. Podczas gdy słownictwo użyte do opisania Grandeta przekazuje małostkowość, obrazy użyte do przedstawienia Eugenii odzwierciedlają jej moralną wielkość – nieskończoność, ocean, niebo – co kontrastuje z ciasnym otoczeniem, w którym jest zamknięta. Starzenie się ojca, którego chciwość i twardość wzrastają wraz z wiekiem, kontrastuje z narodzinami miłości w sercu córki, ekspansywnym ruchem, który sprawia, że rośnie i wznosi się ponad swój stan. Budzą się jej "hojne instynkty", które były "długo tłumione" (rozdział V) przez ojca. Eugenia dochodzi do głosu i jest gotowa przeciwstawić się ojcu: opuszczamy więc komedię obyczajową, by przejść do tragedii, w której ścierają się dwie antagonistyczne postaci.

Podobieństwo w różnicy

Mimo to córka odziedziczyła po ojcu wyższą inteligencję i umiejętność ukrywania bólu niż własnych zainteresowań, a także samotność i szczerość. Unika pewnych określeń pośrednich, ponieważ jest szczera i zna świat. Mówi do pana de Bonfon, który chce jej spadek: "Wiem, co ci się we mnie podoba" (rozdział 14). Trzeźwe nawyki chciwości ojca są oznaką ascezy córki i światowego wyrzeczenia.

MIESZCZAŃSKA TRAGEDIA

Trzy jedności

Balzac opisuje lokalną scenę jako "tragedię burżuazyjną, bez trucizny, bez sztyletów, bez rozlewu krwi, ale dla aktora bardziej okrutną niż wszystkie legendarne okropności rodu Atrydów" (rozdział 10). Pojedyncze ustawienie Saumura i pokój w domu Grande, w którym wszystko się decyduje, nadają powieści przestrzenną jedność. Podobnie możemy mówić o jednostkach fabularnych w odniesieniu do ograniczonej liczby postaci zajmujących tę samą fabułę, którą spotykamy ponownie siedem lat później.

Dramatyczne zdarzenia

W tym ograniczonym prowincjonalnym życiu przybycie kuzyna z Paryża niweczy wiele planów. Bankructwo i samobójstwo ojca otaczają go tragiczną aurą. Mógł być zalotnikiem Eugenii. Dlatego dwie rywalizujące ze sobą frakcje postrzegają go jako kluczowego przeciwnika. Plany Grande, by nie spłacać wierzycieli brata, przeszkadzają części obecnej armii – De Grassin i jego syn wycofują się z dążenia do pozostania w Paryżu. Po tym, jak Karol udaje się do Indii, jako intruz, wydaje się, że porządek został przywrócony. Nie ważne jest dla niego, że Eugenia dała mu złoto. Scena przedstawiona jest jako tragiczny konflikt ojca z córką. Ona mu się sprzeciwia, on jej zaprzecza. Ta konfrontacja wydaje się fatalna dla Madame Grandet, która traci życie na miejscu.

"Umieram" (rozdział X). Podobnie jak w dramacie "Mieszczanin" Diderota (francuski pisarz, 1713-1784) i de Greuze (francuski malarz, 1725-1805), widzimy sceny ojców przeklinających swoje dzieci wspaniałymi gestami, okrzykami i ruchami oburzenia. Scena, w której Grande próbuje odebrać Charlesowi toaletkę Eugenii, ma podobny przejmujący nastrój.

Eugénie – postać tragiczna

Balzac odgrywa te dwie dramatyczne sceny, aby nadać skąpej postaci odpowiedni wymiar komiczny, ale Eugénie jest zdecydowanie postacią tragiczną. W rzeczywistości wydaje się skazana na porażkę od pierwszej sceny. "Jak ptak, ofiara ustalonej za nią ceny, ta dziewczyna została teraz uwiedziona dowodami przyjaźni i uwięziona. Była tą ofiarą" (rozdział 2).

Równie tragicznym elementem jest zdrada kuzyna, któremu mimo wszystko pozostaje lojalna. Pokazuje prawdziwą światową szlachetność. Poza ludzkimi intrygami Opatrzność rządzi rzeczywistością, która pokrzyżuje najlepsze plany. Pod koniec powieści "nieomylna" ręka Boga (rozdział 14) powoduje śmierć pana de Bonfon, który potajemnie chciał śmierci swojej żony. To ostatnia faza spraw, ostatnie dramatyczne wydarzenie.

DALSZA REFLEKSJA

KILKA PYTAŃ DO PRZEMYŚLENIA...

Balzac konkluduje: "Taka jest historia Eugénie Grandet, która jest w świecie, ale nie z niego" (rozdział XIV). W jaki sposób to zdanie podsumowuje postać Eugénie Grandet?

Jaka jest rola opisów u Balzaka?

Wyjaśnij, w jaki sposób dom Grandeta jest obrazem życia Eugénie. Pokaż, w jaki sposób Eugénie Grandet należy do *Scen z życia prowincji.*

Balzac przedstawia Eugénie Grandet jako "mieszczańską tragedię, bez trucizny, sztyletu czy rozlewu krwi; ale – jeśli chodzi o aktorów w niej występujących – bardziej okrutną niż wszystkie legendarne okropności w rodzinie Atrydów" (Rozdział X). Wyjaśnij to stwierdzenie.

W jaki sposób (w jaki sposób) Grandet jest postacią komiczną, a w jaki sposób (w jaki sposób) Eugénie jest bohaterką tragiczną?

Czy Balzacowi udaje się zobrazować chciwość? W jaki sposób?

Czy *Eugénie Grandet* można uznać za historię miłosną?

PRZECZYTAJ TAKŻE

WYDANIE REFERENCYJNE

De Balzac, H. (2010) *Eugénie Grandet*. Trans. Prescott Wormely, K. Coln St. Aldwyn: Biblioteka Echo.

Chcemy usłyszeć od Ciebie, co się dzieje!
Zostaw komentarz na temat swojej internetowej biblioteki
i podziel się swoimi ulubionymi książkami w mediach społecznościowych!

MUST READ

Dlaczego warto wybrać Must Read?

Dowiedz się wszystkiego, co musisz wiedzieć o książce dzięki naszym zwięzłym i dogłębnym streszczeniom i analizom!

Odkryj to, co najlepsze w literaturze w zupełnie nowym świetle!

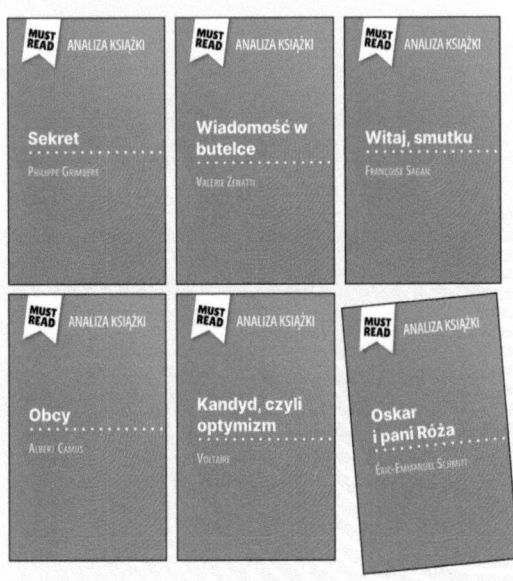

www.50minutes.com

www.50minutes.com

Master ISBN: 9782808693875
Papierowy ISBN: 9782808615273
Depozyt prawny: D/2023/12603/1807

Verhaal: © Primento

Projekt cyfrowy: Primento, cyfrowy partner wydawców.